PASSWORT MANAGER

Internet, E-Mail und Handy Passwörter

WLAN Name:	
WLAN Passwort:	

E-Mail Adresse:	
Passwort:	

E-Mail Adresse 2:	
Passwort:	

Handynummer:	
PIN Code:	
PUK Code:	

Handynummer 2:	
PIN Code:	
PUK Code:	

Webseite:	
Benutzername:	
Passwort:	
Notizen / Sicherheitsfragen	

Webseite:	
Benutzername:	
Passwort:	
Notizen / Sicherheitsfragen	

Webseite:	
Benutzername:	
Passwort:	
Notizen / Sicherheitsfragen	

Webseite:	
Benutzername:	
Passwort:	
Notizen / Sicherheitsfragen	

Webseite:	
Benutzername:	
Passwort:	
Notizen / Sicherheitsfragen	

Webseite:	
Benutzername:	
Passwort:	
Notizen / Sicherheitsfragen	

Webseite:	
Benutzername:	
Passwort:	
Notizen / Sicherheitsfragen	

Webseite:	
Benutzername:	
Passwort:	
Notizen / Sicherheitsfragen	

Webseite:	
Benutzername:	
Passwort:	
Notizen / Sicherheitsfragen	

Webseite:	
Benutzername:	
Passwort:	
Notizen / Sicherheitsfragen	

Webseite:	
Benutzername:	
Passwort:	
Notizen / Sicherheitsfragen	

Webseite:	
Benutzername:	
Passwort:	
Notizen / Sicherheitsfragen	

Webseite:	
Benutzername:	
Passwort:	
Notizen / Sicherheitsfragen	

Webseite:	
Benutzername:	
Passwort:	
Notizen / Sicherheitsfragen	

Webseite:	
Benutzername:	
Passwort:	
Notizen / Sicherheitsfragen	

Webseite:	
Benutzername:	
Passwort:	
Notizen / Sicherheitsfragen	

B

Webseite:	
Benutzername:	
Passwort:	
Notizen / Sicherheitsfragen	

Webseite:	
Benutzername:	
Passwort:	
Notizen / Sicherheitsfragen	

Webseite:	
Benutzername:	
Passwort:	
Notizen / Sicherheitsfragen	

Webseite:	
Benutzername:	
Passwort:	
Notizen / Sicherheitsfragen	

B

Webseite:	
Benutzername:	
Passwort:	
Notizen / Sicherheitsfragen	

Webseite:	
Benutzername:	
Passwort:	
Notizen / Sicherheitsfragen	

Webseite:	
Benutzername:	
Passwort:	
Notizen / Sicherheitsfragen	

Webseite:	
Benutzername:	
Passwort:	
Notizen / Sicherheitsfragen	

Webseite:	
Benutzername:	
Passwort:	
Notizen / Sicherheitsfragen	

Webseite:	
Benutzername:	
Passwort:	
Notizen / Sicherheitsfragen	

Webseite:	
Benutzername:	
Passwort:	
Notizen / Sicherheitsfragen	

Webseite:	
Benutzername:	
Passwort:	
Notizen / Sicherheitsfragen	

B

Webseite:	
Benutzername:	
Passwort:	
Notizen / Sicherheitsfragen	

Webseite:	
Benutzername:	
Passwort:	
Notizen / Sicherheitsfragen	

Webseite:	
Benutzername:	
Passwort:	
Notizen / Sicherheitsfragen	

Webseite:	
Benutzername:	
Passwort:	
Notizen / Sicherheitsfragen	

Webseite:	
Benutzername:	
Passwort:	
Notizen / Sicherheitsfragen	

Webseite:	
Benutzername:	
Passwort:	
Notizen / Sicherheitsfragen	

Webseite:	
Benutzername:	
Passwort:	
Notizen / Sicherheitsfragen	

Webseite:	
Benutzername:	
Passwort:	
Notizen / Sicherheitsfragen	

Webseite:	
Benutzername:	
Passwort:	
Notizen / Sicherheitsfragen	

Webseite:	
Benutzername:	
Passwort:	
Notizen / Sicherheitsfragen	

Webseite:	
Benutzername:	
Passwort:	
Notizen / Sicherheitsfragen	

Webseite:	
Benutzername:	
Passwort:	
Notizen / Sicherheitsfragen	

Webseite:	
Benutzername:	
Passwort:	
Notizen / Sicherheitsfragen	

Webseite:	
Benutzername:	
Passwort:	
Notizen / Sicherheitsfragen	

Webseite:	
Benutzername:	
Passwort:	
Notizen / Sicherheitsfragen	

Webseite:	
Benutzername:	
Passwort:	
Notizen / Sicherheitsfragen	

Webseite:	
Benutzername:	
Passwort:	
Notizen / Sicherheitsfragen	

Webseite:	
Benutzername:	
Passwort:	
Notizen / Sicherheitsfragen	

Webseite:	
Benutzername:	
Passwort:	
Notizen / Sicherheitsfragen	

Webseite:	
Benutzername:	
Passwort:	
Notizen / Sicherheitsfragen	

Webseite:	
Benutzername:	
Passwort:	
Notizen / Sicherheitsfragen	

Webseite:	
Benutzername:	
Passwort:	
Notizen / Sicherheitsfragen	

Webseite:	
Benutzername:	
Passwort:	
Notizen / Sicherheitsfragen	

Webseite:	
Benutzername:	
Passwort:	
Notizen / Sicherheitsfragen	

D

Webseite:	
Benutzername:	
Passwort:	
Notizen / Sicherheitsfragen	

Webseite:	
Benutzername:	
Passwort:	
Notizen / Sicherheitsfragen	

Webseite:	
Benutzername:	
Passwort:	
Notizen / Sicherheitsfragen	

Webseite:	
Benutzername:	
Passwort:	
Notizen / Sicherheitsfragen	

Webseite:	
Benutzername:	
Passwort:	
Notizen / Sicherheitsfragen	

Webseite:	
Benutzername:	
Passwort:	
Notizen / Sicherheitsfragen	

Webseite:	
Benutzername:	
Passwort:	
Notizen / Sicherheitsfragen	

Webseite:	
Benutzername:	
Passwort:	
Notizen / Sicherheitsfragen	

D

Webseite:	
Benutzername:	
Passwort:	
Notizen / Sicherheitsfragen	

Webseite:	
Benutzername:	
Passwort:	
Notizen / Sicherheitsfragen	

Webseite:	
Benutzername:	
Passwort:	
Notizen / Sicherheitsfragen	

Webseite:	
Benutzername:	
Passwort:	
Notizen / Sicherheitsfragen	

Webseite:	
Benutzername:	
Passwort:	
Notizen / Sicherheitsfragen	

Webseite:	
Benutzername:	
Passwort:	
Notizen / Sicherheitsfragen	

Webseite:	
Benutzername:	
Passwort:	
Notizen / Sicherheitsfragen	

Webseite:	
Benutzername:	
Passwort:	
Notizen / Sicherheitsfragen	

Webseite:	
Benutzername:	
Passwort:	
Notizen / Sicherheitsfragen	

Webseite:	
Benutzername:	
Passwort:	
Notizen / Sicherheitsfragen	

Webseite:	
Benutzername:	
Passwort:	
Notizen / Sicherheitsfragen	

Webseite:	
Benutzername:	
Passwort:	
Notizen / Sicherheitsfragen	

Webseite:	
Benutzername:	
Passwort:	
Notizen / Sicherheitsfragen	

Webseite:	
Benutzername:	
Passwort:	
Notizen / Sicherheitsfragen	

Webseite:	
Benutzername:	
Passwort:	
Notizen / Sicherheitsfragen	

Webseite:	
Benutzername:	
Passwort:	
Notizen / Sicherheitsfragen	

Webseite:	
Benutzername:	
Passwort:	
Notizen / Sicherheitsfragen	

Webseite:	
Benutzername:	
Passwort:	
Notizen / Sicherheitsfragen	

Webseite:	
Benutzername:	
Passwort:	
Notizen / Sicherheitsfragen	

Webseite:	
Benutzername:	
Passwort:	
Notizen / Sicherheitsfragen	

Webseite:	
Benutzername:	
Passwort:	
Notizen / Sicherheitsfragen	

Webseite:	
Benutzername:	
Passwort:	
Notizen / Sicherheitsfragen	

Webseite:	
Benutzername:	
Passwort:	
Notizen / Sicherheitsfragen	

Webseite:	
Benutzername:	
Passwort:	
Notizen / Sicherheitsfragen	

Webseite:	
Benutzername:	
Passwort:	
Notizen / Sicherheitsfragen	

Webseite:	
Benutzername:	
Passwort:	
Notizen / Sicherheitsfragen	

Webseite:	
Benutzername:	
Passwort:	
Notizen / Sicherheitsfragen	

Webseite:	
Benutzername:	
Passwort:	
Notizen / Sicherheitsfragen	

Webseite:	
Benutzername:	
Passwort:	
Notizen / Sicherheitsfragen	

Webseite:	
Benutzername:	
Passwort:	
Notizen / Sicherheitsfragen	

Webseite:	
Benutzername:	
Passwort:	
Notizen / Sicherheitsfragen	

Webseite:	
Benutzername:	
Passwort:	
Notizen / Sicherheitsfragen	

Webseite:	
Benutzername:	
Passwort:	
Notizen / Sicherheitsfragen	

Webseite:	
Benutzername:	
Passwort:	
Notizen / Sicherheitsfragen	

Webseite:	
Benutzername:	
Passwort:	
Notizen / Sicherheitsfragen	

Webseite:	
Benutzername:	
Passwort:	
Notizen / Sicherheitsfragen	

Webseite:	
Benutzername:	
Passwort:	
Notizen / Sicherheitsfragen	

Webseite:	
Benutzername:	
Passwort:	
Notizen / Sicherheitsfragen	

Webseite:	
Benutzername:	
Passwort:	
Notizen / Sicherheitsfragen	

Webseite:	
Benutzername:	
Passwort:	
Notizen / Sicherheitsfragen	

G

Webseite:	
Benutzername:	
Passwort:	
Notizen / Sicherheitsfragen	

Webseite:	
Benutzername:	
Passwort:	
Notizen / Sicherheitsfragen	

Webseite:	
Benutzername:	
Passwort:	
Notizen / Sicherheitsfragen	

Webseite:	
Benutzername:	
Passwort:	
Notizen / Sicherheitsfragen	

Webseite:	
Benutzername:	
Passwort:	
Notizen / Sicherheitsfragen	

Webseite:	
Benutzername:	
Passwort:	
Notizen / Sicherheitsfragen	

Webseite:	
Benutzername:	
Passwort:	
Notizen / Sicherheitsfragen	

Webseite:	
Benutzername:	
Passwort:	
Notizen / Sicherheitsfragen	

G

Webseite:	
Benutzername:	
Passwort:	
Notizen / Sicherheitsfragen	

Webseite:	
Benutzername:	
Passwort:	
Notizen / Sicherheitsfragen	

Webseite:	
Benutzername:	
Passwort:	
Notizen / Sicherheitsfragen	

Webseite:	
Benutzername:	
Passwort:	
Notizen / Sicherheitsfragen	

Webseite:	
Benutzername:	
Passwort:	
Notizen / Sicherheitsfragen	

Webseite:	
Benutzername:	
Passwort:	
Notizen / Sicherheitsfragen	

Webseite:	
Benutzername:	
Passwort:	
Notizen / Sicherheitsfragen	

Webseite:	
Benutzername:	
Passwort:	
Notizen / Sicherheitsfragen	

Webseite:	
Benutzername:	
Passwort:	
Notizen / Sicherheitsfragen	

Webseite:	
Benutzername:	
Passwort:	
Notizen / Sicherheitsfragen	

Webseite:	
Benutzername:	
Passwort:	
Notizen / Sicherheitsfragen	

Webseite:	
Benutzername:	
Passwort:	
Notizen / Sicherheitsfragen	

Webseite:	
Benutzername:	
Passwort:	
Notizen / Sicherheitsfragen	

Webseite:	
Benutzername:	
Passwort:	
Notizen / Sicherheitsfragen	

Webseite:	
Benutzername:	
Passwort:	
Notizen / Sicherheitsfragen	

Webseite:	
Benutzername:	
Passwort:	
Notizen / Sicherheitsfragen	

Webseite:	
Benutzername:	
Passwort:	
Notizen / Sicherheitsfragen	

Webseite:	
Benutzername:	
Passwort:	
Notizen / Sicherheitsfragen	

Webseite:	
Benutzername:	
Passwort:	
Notizen / Sicherheitsfragen	

Webseite:	
Benutzername:	
Passwort:	
Notizen / Sicherheitsfragen	

I

Webseite:	
Benutzername:	
Passwort:	
Notizen / Sicherheitsfragen	

Webseite:	
Benutzername:	
Passwort:	
Notizen / Sicherheitsfragen	

Webseite:	
Benutzername:	
Passwort:	
Notizen / Sicherheitsfragen	

Webseite:	
Benutzername:	
Passwort:	
Notizen / Sicherheitsfragen	

Webseite:	
Benutzername:	
Passwort:	
Notizen / Sicherheitsfragen	

Webseite:	
Benutzername:	
Passwort:	
Notizen / Sicherheitsfragen	

Webseite:	
Benutzername:	
Passwort:	
Notizen / Sicherheitsfragen	

Webseite:	
Benutzername:	
Passwort:	
Notizen / Sicherheitsfragen	

Webseite:	
Benutzername:	
Passwort:	
Notizen / Sicherheitsfragen	

Webseite:	
Benutzername:	
Passwort:	
Notizen / Sicherheitsfragen	

Webseite:	
Benutzername:	
Passwort:	
Notizen / Sicherheitsfragen	

Webseite:	
Benutzername:	
Passwort:	
Notizen / Sicherheitsfragen	

Webseite:	
Benutzername:	
Passwort:	
Notizen / Sicherheitsfragen	

Webseite:	
Benutzername:	
Passwort:	
Notizen / Sicherheitsfragen	

Webseite:	
Benutzername:	
Passwort:	
Notizen / Sicherheitsfragen	

Webseite:	
Benutzername:	
Passwort:	
Notizen / Sicherheitsfragen	

Webseite:	
Benutzername:	
Passwort:	
Notizen / Sicherheitsfragen	

Webseite:	
Benutzername:	
Passwort:	
Notizen / Sicherheitsfragen	

Webseite:	
Benutzername:	
Passwort:	
Notizen / Sicherheitsfragen	

Webseite:	
Benutzername:	
Passwort:	
Notizen / Sicherheitsfragen	

J

Webseite:	
Benutzername:	
Passwort:	
Notizen / Sicherheitsfragen	

Webseite:	
Benutzername:	
Passwort:	
Notizen / Sicherheitsfragen	

Webseite:	
Benutzername:	
Passwort:	
Notizen / Sicherheitsfragen	

Webseite:	
Benutzername:	
Passwort:	
Notizen / Sicherheitsfragen	

Webseite:	
Benutzername:	
Passwort:	
Notizen / Sicherheitsfragen	

Webseite:	
Benutzername:	
Passwort:	
Notizen / Sicherheitsfragen	

Webseite:	
Benutzername:	
Passwort:	
Notizen / Sicherheitsfragen	

Webseite:	
Benutzername:	
Passwort:	
Notizen / Sicherheitsfragen	

Webseite:	
Benutzername:	
Passwort:	
Notizen / Sicherheitsfragen	

Webseite:	
Benutzername:	
Passwort:	
Notizen / Sicherheitsfragen	

Webseite:	
Benutzername:	
Passwort:	
Notizen / Sicherheitsfragen	

Webseite:	
Benutzername:	
Passwort:	
Notizen / Sicherheitsfragen	

Webseite:	
Benutzername:	
Passwort:	
Notizen / Sicherheitsfragen	

Webseite:	
Benutzername:	
Passwort:	
Notizen / Sicherheitsfragen	

Webseite:	
Benutzername:	
Passwort:	
Notizen / Sicherheitsfragen	

Webseite:	
Benutzername:	
Passwort:	
Notizen / Sicherheitsfragen	

Webseite:	
Benutzername:	
Passwort:	
Notizen / Sicherheitsfragen	

Webseite:	
Benutzername:	
Passwort:	
Notizen / Sicherheitsfragen	

Webseite:	
Benutzername:	
Passwort:	
Notizen / Sicherheitsfragen	

Webseite:	
Benutzername:	
Passwort:	
Notizen / Sicherheitsfragen	

Webseite:	
Benutzername:	
Passwort:	
Notizen / Sicherheitsfragen	

Webseite:	
Benutzername:	
Passwort:	
Notizen / Sicherheitsfragen	

Webseite:	
Benutzername:	
Passwort:	
Notizen / Sicherheitsfragen	

Webseite:	
Benutzername:	
Passwort:	
Notizen / Sicherheitsfragen	

Webseite:	
Benutzername:	
Passwort:	
Notizen / Sicherheitsfragen	

Webseite:	
Benutzername:	
Passwort:	
Notizen / Sicherheitsfragen	

Webseite:	
Benutzername:	
Passwort:	
Notizen / Sicherheitsfragen	

Webseite:	
Benutzername:	
Passwort:	
Notizen / Sicherheitsfragen	

L

Webseite:	
Benutzername:	
Passwort:	
Notizen / Sicherheitsfragen	

Webseite:	
Benutzername:	
Passwort:	
Notizen / Sicherheitsfragen	

Webseite:	
Benutzername:	
Passwort:	
Notizen / Sicherheitsfragen	

Webseite:	
Benutzername:	
Passwort:	
Notizen / Sicherheitsfragen	

Webseite:	
Benutzername:	
Passwort:	
Notizen / Sicherheitsfragen	

Webseite:	
Benutzername:	
Passwort:	
Notizen / Sicherheitsfragen	

Webseite:	
Benutzername:	
Passwort:	
Notizen / Sicherheitsfragen	

Webseite:	
Benutzername:	
Passwort:	
Notizen / Sicherheitsfragen	

L

Webseite:	
Benutzername:	
Passwort:	
Notizen / Sicherheitsfragen	

Webseite:	
Benutzername:	
Passwort:	
Notizen / Sicherheitsfragen	

Webseite:	
Benutzername:	
Passwort:	
Notizen / Sicherheitsfragen	

Webseite:	
Benutzername:	
Passwort:	
Notizen / Sicherheitsfragen	

Webseite:	
Benutzername:	
Passwort:	
Notizen / Sicherheitsfragen	

Webseite:	
Benutzername:	
Passwort:	
Notizen / Sicherheitsfragen	

Webseite:	
Benutzername:	
Passwort:	
Notizen / Sicherheitsfragen	

Webseite:	
Benutzername:	
Passwort:	
Notizen / Sicherheitsfragen	

Webseite:	
Benutzername:	
Passwort:	
Notizen / Sicherheitsfragen	

Webseite:	
Benutzername:	
Passwort:	
Notizen / Sicherheitsfragen	

Webseite:	
Benutzername:	
Passwort:	
Notizen / Sicherheitsfragen	

Webseite:	
Benutzername:	
Passwort:	
Notizen / Sicherheitsfragen	

Webseite:	
Benutzername:	
Passwort:	
Notizen / Sicherheitsfragen	

Webseite:	
Benutzername:	
Passwort:	
Notizen / Sicherheitsfragen	

Webseite:	
Benutzername:	
Passwort:	
Notizen / Sicherheitsfragen	

Webseite:	
Benutzername:	
Passwort:	
Notizen / Sicherheitsfragen	

Webseite:	
Benutzername:	
Passwort:	
Notizen / Sicherheitsfragen	

Webseite:	
Benutzername:	
Passwort:	
Notizen / Sicherheitsfragen	

Webseite:	
Benutzername:	
Passwort:	
Notizen / Sicherheitsfragen	

Webseite:	
Benutzername:	
Passwort:	
Notizen / Sicherheitsfragen	

Webseite:	
Benutzername:	
Passwort:	
Notizen / Sicherheitsfragen	

Webseite:	
Benutzername:	
Passwort:	
Notizen / Sicherheitsfragen	

Webseite:	
Benutzername:	
Passwort:	
Notizen / Sicherheitsfragen	

Webseite:	
Benutzername:	
Passwort:	
Notizen / Sicherheitsfragen	

Webseite:	
Benutzername:	
Passwort:	
Notizen / Sicherheitsfragen	

Webseite:	
Benutzername:	
Passwort:	
Notizen / Sicherheitsfragen	

Webseite:	
Benutzername:	
Passwort:	
Notizen / Sicherheitsfragen	

Webseite:	
Benutzername:	
Passwort:	
Notizen / Sicherheitsfragen	

Webseite:	
Benutzername:	
Passwort:	
Notizen / Sicherheitsfragen	

Webseite:	
Benutzername:	
Passwort:	
Notizen / Sicherheitsfragen	

Webseite:	
Benutzername:	
Passwort:	
Notizen / Sicherheitsfragen	

Webseite:	
Benutzername:	
Passwort:	
Notizen / Sicherheitsfragen	

Webseite:	
Benutzername:	
Passwort:	
Notizen / Sicherheitsfragen	

Webseite:	
Benutzername:	
Passwort:	
Notizen / Sicherheitsfragen	

Webseite:	
Benutzername:	
Passwort:	
Notizen / Sicherheitsfragen	

Webseite:	
Benutzername:	
Passwort:	
Notizen / Sicherheitsfragen	

Webseite:	
Benutzername:	
Passwort:	
Notizen / Sicherheitsfragen	

Webseite:	
Benutzername:	
Passwort:	
Notizen / Sicherheitsfragen	

Webseite:	
Benutzername:	
Passwort:	
Notizen / Sicherheitsfragen	

Webseite:	
Benutzername:	
Passwort:	
Notizen / Sicherheitsfragen	

O

Webseite:	
Benutzername:	
Passwort:	
Notizen / Sicherheitsfragen	

Webseite:	
Benutzername:	
Passwort:	
Notizen / Sicherheitsfragen	

Webseite:	
Benutzername:	
Passwort:	
Notizen / Sicherheitsfragen	

Webseite:	
Benutzername:	
Passwort:	
Notizen / Sicherheitsfragen	

Webseite:	
Benutzername:	
Passwort:	
Notizen / Sicherheitsfragen	

Webseite:	
Benutzername:	
Passwort:	
Notizen / Sicherheitsfragen	

Webseite:	
Benutzername:	
Passwort:	
Notizen / Sicherheitsfragen	

Webseite:	
Benutzername:	
Passwort:	
Notizen / Sicherheitsfragen	

O

Webseite:	
Benutzername:	
Passwort:	
Notizen / Sicherheitsfragen	

Webseite:	
Benutzername:	
Passwort:	
Notizen / Sicherheitsfragen	

Webseite:	
Benutzername:	
Passwort:	
Notizen / Sicherheitsfragen	

Webseite:	
Benutzername:	
Passwort:	
Notizen / Sicherheitsfragen	

Webseite:	
Benutzername:	
Passwort:	
Notizen / Sicherheitsfragen	

Webseite:	
Benutzername:	
Passwort:	
Notizen / Sicherheitsfragen	

Webseite:	
Benutzername:	
Passwort:	
Notizen / Sicherheitsfragen	

Webseite:	
Benutzername:	
Passwort:	
Notizen / Sicherheitsfragen	

Webseite:	
Benutzername:	
Passwort:	
Notizen / Sicherheitsfragen	

Webseite:	
Benutzername:	
Passwort:	
Notizen / Sicherheitsfragen	

Webseite:	
Benutzername:	
Passwort:	
Notizen / Sicherheitsfragen	

Webseite:	
Benutzername:	
Passwort:	
Notizen / Sicherheitsfragen	

Webseite:	
Benutzername:	
Passwort:	
Notizen / Sicherheitsfragen	

Webseite:	
Benutzername:	
Passwort:	
Notizen / Sicherheitsfragen	

Webseite:	
Benutzername:	
Passwort:	
Notizen / Sicherheitsfragen	

Webseite:	
Benutzername:	
Passwort:	
Notizen / Sicherheitsfragen	

Webseite:	
Benutzername:	
Passwort:	
Notizen / Sicherheitsfragen	

Webseite:	
Benutzername:	
Passwort:	
Notizen / Sicherheitsfragen	

Webseite:	
Benutzername:	
Passwort:	
Notizen / Sicherheitsfragen	

Webseite:	
Benutzername:	
Passwort:	
Notizen / Sicherheitsfragen	

Webseite:	
Benutzername:	
Passwort:	
Notizen / Sicherheitsfragen	

Webseite:	
Benutzername:	
Passwort:	
Notizen / Sicherheitsfragen	

Webseite:	
Benutzername:	
Passwort:	
Notizen / Sicherheitsfragen	

Webseite:	
Benutzername:	
Passwort:	
Notizen / Sicherheitsfragen	

Q

Webseite:	
Benutzername:	
Passwort:	
Notizen / Sicherheitsfragen	

Webseite:	
Benutzername:	
Passwort:	
Notizen / Sicherheitsfragen	

Webseite:	
Benutzername:	
Passwort:	
Notizen / Sicherheitsfragen	

Webseite:	
Benutzername:	
Passwort:	
Notizen / Sicherheitsfragen	

Webseite:	
Benutzername:	
Passwort:	
Notizen / Sicherheitsfragen	

Webseite:	
Benutzername:	
Passwort:	
Notizen / Sicherheitsfragen	

Webseite:	
Benutzername:	
Passwort:	
Notizen / Sicherheitsfragen	

Webseite:	
Benutzername:	
Passwort:	
Notizen / Sicherheitsfragen	

Q

Webseite:	
Benutzername:	
Passwort:	
Notizen / Sicherheitsfragen	

Webseite:	
Benutzername:	
Passwort:	
Notizen / Sicherheitsfragen	

Webseite:	
Benutzername:	
Passwort:	
Notizen / Sicherheitsfragen	

Webseite:	
Benutzername:	
Passwort:	
Notizen / Sicherheitsfragen	

Q

Webseite:	
Benutzername:	
Passwort:	
Notizen / Sicherheitsfragen	

Webseite:	
Benutzername:	
Passwort:	
Notizen / Sicherheitsfragen	

Webseite:	
Benutzername:	
Passwort:	
Notizen / Sicherheitsfragen	

Webseite:	
Benutzername:	
Passwort:	
Notizen / Sicherheitsfragen	

Webseite:	
Benutzername:	
Passwort:	
Notizen / Sicherheitsfragen	

Webseite:	
Benutzername:	
Passwort:	
Notizen / Sicherheitsfragen	

Webseite:	
Benutzername:	
Passwort:	
Notizen / Sicherheitsfragen	

Webseite:	
Benutzername:	
Passwort:	
Notizen / Sicherheitsfragen	

Webseite:	
Benutzername:	
Passwort:	
Notizen / Sicherheitsfragen	

Webseite:	
Benutzername:	
Passwort:	
Notizen / Sicherheitsfragen	

Webseite:	
Benutzername:	
Passwort:	
Notizen / Sicherheitsfragen	

Webseite:	
Benutzername:	
Passwort:	
Notizen / Sicherheitsfragen	

Webseite:	
Benutzername:	
Passwort:	
Notizen / Sicherheitsfragen	

Webseite:	
Benutzername:	
Passwort:	
Notizen / Sicherheitsfragen	

Webseite:	
Benutzername:	
Passwort:	
Notizen / Sicherheitsfragen	

Webseite:	
Benutzername:	
Passwort:	
Notizen / Sicherheitsfragen	

Webseite:	
Benutzername:	
Passwort:	
Notizen / Sicherheitsfragen	

Webseite:	
Benutzername:	
Passwort:	
Notizen / Sicherheitsfragen	

Webseite:	
Benutzername:	
Passwort:	
Notizen / Sicherheitsfragen	

Webseite:	
Benutzername:	
Passwort:	
Notizen / Sicherheitsfragen	

S

Webseite:	
Benutzername:	
Passwort:	
Notizen / Sicherheitsfragen	

Webseite:	
Benutzername:	
Passwort:	
Notizen / Sicherheitsfragen	

Webseite:	
Benutzername:	
Passwort:	
Notizen / Sicherheitsfragen	

Webseite:	
Benutzername:	
Passwort:	
Notizen / Sicherheitsfragen	

S

Webseite:	
Benutzername:	
Passwort:	
Notizen / Sicherheitsfragen	

Webseite:	
Benutzername:	
Passwort:	
Notizen / Sicherheitsfragen	

Webseite:	
Benutzername:	
Passwort:	
Notizen / Sicherheitsfragen	

Webseite:	
Benutzername:	
Passwort:	
Notizen / Sicherheitsfragen	

S

Webseite:	
Benutzername:	
Passwort:	
Notizen / Sicherheitsfragen	

Webseite:	
Benutzername:	
Passwort:	
Notizen / Sicherheitsfragen	

Webseite:	
Benutzername:	
Passwort:	
Notizen / Sicherheitsfragen	

Webseite:	
Benutzername:	
Passwort:	
Notizen / Sicherheitsfragen	

S

Webseite:	
Benutzername:	
Passwort:	
Notizen / Sicherheitsfragen	

Webseite:	
Benutzername:	
Passwort:	
Notizen / Sicherheitsfragen	

Webseite:	
Benutzername:	
Passwort:	
Notizen / Sicherheitsfragen	

Webseite:	
Benutzername:	
Passwort:	
Notizen / Sicherheitsfragen	

Webseite:	
Benutzername:	
Passwort:	
Notizen / Sicherheitsfragen	

Webseite:	
Benutzername:	
Passwort:	
Notizen / Sicherheitsfragen	

Webseite:	
Benutzername:	
Passwort:	
Notizen / Sicherheitsfragen	

Webseite:	
Benutzername:	
Passwort:	
Notizen / Sicherheitsfragen	

Webseite:	
Benutzername:	
Passwort:	
Notizen / Sicherheitsfragen	

Webseite:	
Benutzername:	
Passwort:	
Notizen / Sicherheitsfragen	

Webseite:	
Benutzername:	
Passwort:	
Notizen / Sicherheitsfragen	

Webseite:	
Benutzername:	
Passwort:	
Notizen / Sicherheitsfragen	

Webseite:	
Benutzername:	
Passwort:	
Notizen / Sicherheitsfragen	

Webseite:	
Benutzername:	
Passwort:	
Notizen / Sicherheitsfragen	

Webseite:	
Benutzername:	
Passwort:	
Notizen / Sicherheitsfragen	

Webseite:	
Benutzername:	
Passwort:	
Notizen / Sicherheitsfragen	

Webseite:	
Benutzername:	
Passwort:	
Notizen / Sicherheitsfragen	

Webseite:	
Benutzername:	
Passwort:	
Notizen / Sicherheitsfragen	

Webseite:	
Benutzername:	
Passwort:	
Notizen / Sicherheitsfragen	

Webseite:	
Benutzername:	
Passwort:	
Notizen / Sicherheitsfragen	

Webseite:	
Benutzername:	
Passwort:	
Notizen / Sicherheitsfragen	

Webseite:	
Benutzername:	
Passwort:	
Notizen / Sicherheitsfragen	

Webseite:	
Benutzername:	
Passwort:	
Notizen / Sicherheitsfragen	

Webseite:	
Benutzername:	
Passwort:	
Notizen / Sicherheitsfragen	

Webseite:	
Benutzername:	
Passwort:	
Notizen / Sicherheitsfragen	

Webseite:	
Benutzername:	
Passwort:	
Notizen / Sicherheitsfragen	

Webseite:	
Benutzername:	
Passwort:	
Notizen / Sicherheitsfragen	

Webseite:	
Benutzername:	
Passwort:	
Notizen / Sicherheitsfragen	

Webseite:	
Benutzername:	
Passwort:	
Notizen / Sicherheitsfragen	

Webseite:	
Benutzername:	
Passwort:	
Notizen / Sicherheitsfragen	

Webseite:	
Benutzername:	
Passwort:	
Notizen / Sicherheitsfragen	

Webseite:	
Benutzername:	
Passwort:	
Notizen / Sicherheitsfragen	

Webseite:	
Benutzername:	
Passwort:	
Notizen / Sicherheitsfragen	

Webseite:	
Benutzername:	
Passwort:	
Notizen / Sicherheitsfragen	

Webseite:	
Benutzername:	
Passwort:	
Notizen / Sicherheitsfragen	

Webseite:	
Benutzername:	
Passwort:	
Notizen / Sicherheitsfragen	

Webseite:	
Benutzername:	
Passwort:	
Notizen / Sicherheitsfragen	

Webseite:	
Benutzername:	
Passwort:	
Notizen / Sicherheitsfragen	

Webseite:	
Benutzername:	
Passwort:	
Notizen / Sicherheitsfragen	

Webseite:	
Benutzername:	
Passwort:	
Notizen / Sicherheitsfragen	

Webseite:	
Benutzername:	
Passwort:	
Notizen / Sicherheitsfragen	

Webseite:	
Benutzername:	
Passwort:	
Notizen / Sicherheitsfragen	

Webseite:	
Benutzername:	
Passwort:	
Notizen / Sicherheitsfragen	

Webseite:	
Benutzername:	
Passwort:	
Notizen / Sicherheitsfragen	

Webseite:	
Benutzername:	
Passwort:	
Notizen / Sicherheitsfragen	

Webseite:	
Benutzername:	
Passwort:	
Notizen / Sicherheitsfragen	

Webseite:	
Benutzername:	
Passwort:	
Notizen / Sicherheitsfragen	

Webseite:	
Benutzername:	
Passwort:	
Notizen / Sicherheitsfragen	

Webseite:	
Benutzername:	
Passwort:	
Notizen / Sicherheitsfragen	

Webseite:	
Benutzername:	
Passwort:	
Notizen / Sicherheitsfragen	

Webseite:	
Benutzername:	
Passwort:	
Notizen / Sicherheitsfragen	

Webseite:	
Benutzername:	
Passwort:	
Notizen / Sicherheitsfragen	

Webseite:	
Benutzername:	
Passwort:	
Notizen / Sicherheitsfragen	

Webseite:	
Benutzername:	
Passwort:	
Notizen / Sicherheitsfragen	

Webseite:	
Benutzername:	
Passwort:	
Notizen / Sicherheitsfragen	

Webseite:	
Benutzername:	
Passwort:	
Notizen / Sicherheitsfragen	

Webseite:	
Benutzername:	
Passwort:	
Notizen / Sicherheitsfragen	

Webseite:	
Benutzername:	
Passwort:	
Notizen / Sicherheitsfragen	

Webseite:	
Benutzername:	
Passwort:	
Notizen / Sicherheitsfragen	

Webseite:	
Benutzername:	
Passwort:	
Notizen / Sicherheitsfragen	

Webseite:	
Benutzername:	
Passwort:	
Notizen / Sicherheitsfragen	

Webseite:	
Benutzername:	
Passwort:	
Notizen / Sicherheitsfragen	

Webseite:	
Benutzername:	
Passwort:	
Notizen / Sicherheitsfragen	

Webseite:	
Benutzername:	
Passwort:	
Notizen / Sicherheitsfragen	

Webseite:	
Benutzername:	
Passwort:	
Notizen / Sicherheitsfragen	

Webseite:	
Benutzername:	
Passwort:	
Notizen / Sicherheitsfragen	

Webseite:	
Benutzername:	
Passwort:	
Notizen / Sicherheitsfragen	

Webseite:	
Benutzername:	
Passwort:	
Notizen / Sicherheitsfragen	

Webseite:	
Benutzername:	
Passwort:	
Notizen / Sicherheitsfragen	

Webseite:	
Benutzername:	
Passwort:	
Notizen / Sicherheitsfragen	

Webseite:	
Benutzername:	
Passwort:	
Notizen / Sicherheitsfragen	

Webseite:	
Benutzername:	
Passwort:	
Notizen / Sicherheitsfragen	

Webseite:	
Benutzername:	
Passwort:	
Notizen / Sicherheitsfragen	

Webseite:	
Benutzername:	
Passwort:	
Notizen / Sicherheitsfragen	

Webseite:	
Benutzername:	
Passwort:	
Notizen / Sicherheitsfragen	

Webseite:	
Benutzername:	
Passwort:	
Notizen / Sicherheitsfragen	

Webseite:	
Benutzername:	
Passwort:	
Notizen / Sicherheitsfragen	

Webseite:	
Benutzername:	
Passwort:	
Notizen / Sicherheitsfragen	

Webseite:	
Benutzername:	
Passwort:	
Notizen / Sicherheitsfragen	

Webseite:	
Benutzername:	
Passwort:	
Notizen / Sicherheitsfragen	

Webseite:	
Benutzername:	
Passwort:	
Notizen / Sicherheitsfragen	

Webseite:	
Benutzername:	
Passwort:	
Notizen / Sicherheitsfragen	

Webseite:	
Benutzername:	
Passwort:	
Notizen / Sicherheitsfragen	

Webseite:	
Benutzername:	
Passwort:	
Notizen / Sicherheitsfragen	

Webseite:	
Benutzername:	
Passwort:	
Notizen / Sicherheitsfragen	

Webseite:	
Benutzername:	
Passwort:	
Notizen / Sicherheitsfragen	

Webseite:	
Benutzername:	
Passwort:	
Notizen / Sicherheitsfragen	

Webseite:	
Benutzername:	
Passwort:	
Notizen / Sicherheitsfragen	

Webseite:	
Benutzername:	
Passwort:	
Notizen / Sicherheitsfragen	

Webseite:	
Benutzername:	
Passwort:	
Notizen / Sicherheitsfragen	

Webseite:	
Benutzername:	
Passwort:	
Notizen / Sicherheitsfragen	

Webseite:	
Benutzername:	
Passwort:	
Notizen / Sicherheitsfragen	

Webseite:	
Benutzername:	
Passwort:	
Notizen / Sicherheitsfragen	

Webseite:	
Benutzername:	
Passwort:	
Notizen / Sicherheitsfragen	

Webseite:	
Benutzername:	
Passwort:	
Notizen / Sicherheitsfragen	

Webseite:	
Benutzername:	
Passwort:	
Notizen / Sicherheitsfragen	

Webseite:	
Benutzername:	
Passwort:	
Notizen / Sicherheitsfragen	

Webseite:	
Benutzername:	
Passwort:	
Notizen / Sicherheitsfragen	

Webseite:	
Benutzername:	
Passwort:	
Notizen / Sicherheitsfragen	

Webseite:	
Benutzername:	
Passwort:	
Notizen / Sicherheitsfragen	

Z

Webseite:	
Benutzername:	
Passwort:	
Notizen / Sicherheitsfragen	

Webseite:	
Benutzername:	
Passwort:	
Notizen / Sicherheitsfragen	

Webseite:	
Benutzername:	
Passwort:	
Notizen / Sicherheitsfragen	

Webseite:	
Benutzername:	
Passwort:	
Notizen / Sicherheitsfragen	

Z

Webseite:	
Benutzername:	
Passwort:	
Notizen / Sicherheitsfragen	

Webseite:	
Benutzername:	
Passwort:	
Notizen / Sicherheitsfragen	

Webseite:	
Benutzername:	
Passwort:	
Notizen / Sicherheitsfragen	

Webseite:	
Benutzername:	
Passwort:	
Notizen / Sicherheitsfragen	

Z

Webseite:	
Benutzername:	
Passwort:	
Notizen / Sicherheitsfragen	

Webseite:	
Benutzername:	
Passwort:	
Notizen / Sicherheitsfragen	

Webseite:	
Benutzername:	
Passwort:	
Notizen / Sicherheitsfragen	

Webseite:	
Benutzername:	
Passwort:	
Notizen / Sicherheitsfragen	

Z

Webseite:	
Benutzername:	
Passwort:	
Notizen / Sicherheitsfragen	

Webseite:	
Benutzername:	
Passwort:	
Notizen / Sicherheitsfragen	

Webseite:	
Benutzername:	
Passwort:	
Notizen / Sicherheitsfragen	

Webseite:	
Benutzername:	
Passwort:	
Notizen / Sicherheitsfragen	